X

L'ALPHABETH
MÉTHODIQUE,

Exposé avec éloge par l'Abbé Sicard, en 1816, dans trois Séances consécutives; Contenant 1.° les lettres et les syllabes co-ordonnées; leur application graduelle, variations, accents, ponctuation. 2.° Les premiers principes de la Religion et les Prières les plus ordinaires.

SECONDE ÉDITION,
REVUE D'APRÈS L'EXPÉRIENCE,

Par J.-F. MOURIER, *Anc. Prof. Inst.*,

Auteur de La Grammaire française, exacte et méthodique.

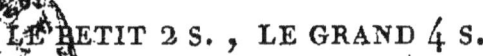

LE PETIT 2 S., LE GRAND 4 S.

A PARIS,

Chez J. M. RONVAL, imp.-libraire, rue Galande, N.° 65.
LECOQ, libraire, rue St.-Etienne-des-Grès, N.° 6.
Dépôt de l'Auteur, rue Descartes, N.° 35, Et à l'Institution des Sourds et Muets, chez le Concierge.

GARANTIE LÉGALE.

1823.

O Jésus qui, de votre Croix,
Tendez les bras au Genre humain !
Donnez-nous d'aimer ce Saint Bois,
Et d'y mourir dans votre Sein.

Alphabeth homologue.

a e i y o u h b p
v f m n d t z sc
qc g jg l r x k æ œ.

Alphabeth analogue.

o e a i j u v h p f b v
m n t sc qc d z g jg
l r x y k æ p ph, c ch.

Alphabeth ancien.

A B C D Æ F G H I
J K L M N O P Q R
S T U V X Y Z Æ Œ.

I.er Tableau Syllabique.

A he i ho u heu ou
ba bé bi bo bu, va ve
pa pè pi po pu, vo vu
fa phê fi pho fu, veu vou
ma me mi mo, nu neu nou
da dé di do, tu teu tou
sa cè ci so su ceu sou
ca quê qui co cu keu kou
ja ge gi jo ju geu jou
ga güé gui go gu gueu gou
la lè li lo, ru reu rou
za zê zi zo, chu cheu chou
xa xe xi xo, gnu gneu gnou
ça ço çu, gea geo geû, cou
na, gné, ji, cho, du, leu, mou

Application graduelle.

A-mi, hé-ros, i-dé-al, hô-tel.
Ba-gue, bè-gue, bos-quet.
Va-peur, vi-gueur, vol, voûte.
Pas-teur, pê-cheur, pi-qû-re.
Fa-ça-de, phé-nix, four-ni-er.
Sac, cerf, si-gnal, ci-go-gne.
Cas-tor, ker-mès, co-quil-le.
Ga-ge, guê-pe, gui-de, gou-lot
Ja-loux, joug, or-geat, geo-le.
Mar-ly, mi-gnard, nerf, nuit.
Ta-bac, tor-tue, di-gne, doux.
Zu-rich, ze-phyr, e-xil, ex-cès
Lar-geur, lis-te, lu-ne, lourd.
Ra-dis, ri-xe, ro-che, rou-ge.
Cha-ri-ot, ab-so-lu, obs-cur.

Second Tableau.

Bla blé bli, plo plu pleu.
Pra prè pri, bro breu brou.
Fla phlê fli phlo flu, vreu.
Phra fre phri fro, vra vre.
Dra dré dri, tro tru trou.
Cla clè cli, glo glu glou.
Gra grè gri, cro creu crou.

Application graduelle.

Blâ-mer, bleu-âtre, pluie, pleu-voir.
Pra-tique, priè-res, bruit, brou-ter.
Flat-teur, phleg-me, flot, fleu-rir.
Phra-se, frot-teur, fruit, ou-vrier.
Cla-meur, glo-be, gra-vier, crè-che.
Dra-gée, tra-fic, scor-but, sculp-teur.
Scal-pel, sque-lette, stuc, struc-ture.
Spa-ci-eux, spi-ri-tu-el, spec-ta-cle.

Diphtongues et voyelles nazales.
Oi : croix. Oë : co-ëffe. OEu : bœuf.
An : ange, ambre, banc, flamme.
En : examen, gluten, ancien, lien.
On : ongle, long, hanneton, ombre.
Un : emprunt, à jeun, parfum.
Oin : les poings. Uin : mois de Juin.

Variations.

E muet : lune ; *ent* : ils tiennent.
E, é, ai, oi : la paix, ils retenoient.
O, au, eau : un défaut, les couteaux.
An, en, aon : enfant, emploi, paon.
En, in, ain : vin, pain, faim, sein.
S, z : oiseau, visage, asile, maison.
Ti, si : nation, action ; *dur* : question.
C, q : cave, coq, cuve, chœur d'Egl.
C, s : exercice ; X, qs : luxe ; gz : exil.

G dur : gardien, goîtreux, aiguille ;
G, j : genou, gîvre ; s'adoucit par *e* :
un geai ; se durcit par *u* : guerre.
L et *N* mouillées : cercueil, agneau.
H muette : l'herbe, l'homme.
H aspirée : la haine, le hameau.

SIGNES, ACCENTS, PONCTUATION.

Cédille (ç) adouci : soupçon, reçu.
Tréma (¨) : haïr, comme trahir.
L'Apostrophe (') : l'habit, l'année.
Accent aigu (´) sur l'*é* fermé : été.
Accent grave (`) sur l'*è* ouvert : près.
Accent circonflexe (ˆ) : âge, fête.
Virgule (,) la plus petite pause ;
Points, final (.), la plus grande,
d'interrogation ?, d'admiration !.
Parenthèse ( ). *Trait-d'union* (-).

Instructions et Prières.

Dieu nous a créés pour le connoître, l'aimer et le servir. Pour cette fin, il a fait, à son image, notre âme en trois facultés : l'entendement, la mémoire et la volonté.

Dieu est un esprit infiniment parfait, existant en trois personnes. Nous invoquons la Sainte Trinité, en faisant le signe de la Croix : Au nom du *Père*, et du *Fils*, et du *Saint-Esprit*. Ainsi soit-il.

Dieu le Fils s'est fait homme, et se nomme *Jésus-Christ*. Il est l'auteur et le chef de la Religion Chrétienne et Catholique, que ses Apôtres et ses Disciples, et leurs

Successeurs, les Evêques et les Prêtres, ont répandue et répandront par toute la terre, jusqu'à la fin des siècles, J. C. étant toujours avec eux selon sa divine promesse.

Les Apôtres ont renfermé tout ce que nous devons croire, dans cette profession de foi, nommée :

SYMBOLE DES APÔTRES.

Je crois en Dieu, le Père tout-puissant, créateur du ciel et de la terre ; et en Jésus-Christ, son Fils unique, notre Seigneur, qui a été conçu du Saint-Esprit, est né de la Vierge Marie, a souffert sous Ponce-Pilate, a été crucifié, est mort, et a été enseveli, est descendu aux enfers, et le troisième jour est ressucité des morts ; est monté aux cieux, est assis à la droite de Dieu, le Père tout-puissant, et qui de-là viendra juger les vivants et les morts. — Je crois au Saint-Esprit, la sainte Eglise Catholique, la Communion des Saints, la rémission des péchés, la résurrection de la chair et la vie éternelle. Ainsi soit-il.

Dans la Prière suivante, Notre Seigneur nous a enseigné lui-même tout ce que nous devons demander.

L'ORAISON DOMINICALE.

Notre Père, qui êtes dans les cieux, que votre nom soit sanctifié : que votre règne arrive : que votre volonté soit faite en la terre comme au ciel. Donnez-nous aujourd'hui notre pain quotidien, et pardonnez-nous nos offenses comme nous pardonnons à ceux qui nous ont offensés; et ne nous laissez point succomber à la tentation ; mais délivrez-nous du mal. Ainsi soit-il.

Nous honorons les Saints, comme étant les amis de Dieu, et principalement la très-Sainte Vierge, à qui nous adressons cette Prière :

LA SALUTATION ANGÉLIQUE.

Je vous salue, Marie, pleine de grâce, le Seigneur est avec vous. Vous êtes bénie entre toutes les femmes; et Jésus, le fruit de votre ventre, est béni.

Sainte Marie, Mère de Dieu, priez pour nous, pauvres pécheurs, maintenant, et à l'heure de notre mort. Ainsi soit-il.

Nous demandons à Dieu le pardon de nos péchés, en les confessant humblement, et avec une grande douleur de l'avoir offensé.

La Confession générale.

Je confesse à Dieu tout-puissant, à la bienheureuse Marie toujours Vierge, à Saint-Michel Archange, à Saint-Jean-Baptiste, aux Apôtres Saint-Pierre et Saint-Paul et à tous les Saints, que j'ai beaucoup péché, par pensées, par paroles et par action : c'est ma faute, c'est ma faute, c'est ma très-grande faute. C'est pourquoi je prie la bienheureuse Marie, toujours Vierge, Saint-Michel-Archange, Saint-Jean-Baptiste, les Apôtres Saint-Pierre et Saint-Paul, tous les Saints, de prier pour moi le Seigneur notre Dieu.

Prions Dieu de nous faire comprendre et observer ses Commandements.

O mon Dieu ! gravez votre loi au fond de mon cœur, faites-moi connoître vos saints Commandements; Donnez-moi la grâce de les aimer, et la force de les pratiquer. *Récitons avec un grand respect*

Les Commandements de Dieu.

1. Un seul Dieu tu adoreras, et aimeras parfaitement.
2. Dieu en vain tu ne jureras, ni autre chose pareillement.
3. Les Dimanches tu garderas, en servant Dieu dévotement.
4. Tes père et mère honoreras, afin que tu vives longuement.
5. Homicide point ne seras, de fait ni volontairement.
6. Luxurieux point ne seras, de corps ni de consentement.
7. Les biens d'autrui tu ne prendras, ni retiendras à ton escient.

8. Faux témoignage ne diras, ni mentiras aucunement.

9. L'œuvre de chair ne désireras, qu'en mariage seulement.

10. Biens d'autrui ne convoiteras, pour les avoir injustement.

Demandons à Dieu la grâce d'observer les Commandements de l'Eglise.

Mon Seigneur et mon Dieu, puisque vous ne recevez point au nombre de vos enfants ceux qui ne veulent pas reconnoître la Sainte Eglise pour leur mère, faites que j'écoute sa voix comme la vôtre, et que je lui obéisse comme à vous.

Les Commandements de l'Eglise.

1. Les Fêtes tu sanctifieras, qui te sont de commandement. 2. Les Dimanches Messe ouïras, et les Fêtes pareillement. 3. Tous tes péchés confesseras, à tout le moins une fois l'an. 4. Ton Créateur tu recevras, au moins à Pâques humblement.

5. Quatre-temps, Vigiles, jeûneras, et le Carême entièrement. 6. Vendredi chair ne mangeras, ni le Samedi mêmement.

En latin, on prononce toutes les lettres, et il n'y a point d'e muet.

ORATIO DOMINICA.

Pater noster, qui es in cœlis, sanctificetur nomen tuum : adveniat regnum tuum, fiat voluntas tua, sicut in cœlo et in terrâ. Panem nostrum quotidianum da nobis hodiè ; et dimitte nobis debita nostra, sicut et nos dimittimus debitoribus nostris. Et ne nos inducas intentationem. Sed libera nos a malo. Amen.

Sit nomen Domini benedictum,
Ex hoc nunc et usque in sæculum.

Chiffres Romains.

I, II, III, IV, V, VI, VII, VIII, IX, X, XI, XII.

De l'Imprimerie de MORONVAL.

www.ingramcontent.com/pod-product-compliance
Lightning Source LLC
Chambersburg PA
CBHW071450060426
42450CB00009BA/2367